D1719727

Lies mit mir!

Simons geniale Erfindungen

Birte Röhm • Dietmar Reichert (Illustr.)

SCM
Kläxbox

SCM

Stiftung Christliche Medien

Der SCM-Verlag ist eine Gesellschaft der Stiftung Christliche Medien, einer gemeinnützigen Stiftung, die sich für die Förderung und Verbreitung christlicher Bücher, Zeitschriften, Filme und Musik einsetzt.

Bodenborn 43 · 58452 Witten
Internet: www.scmedien.de | E-Mail: info@scm-klaexbox.de

Gesamtgestaltung und Illustration: Dietmar Reichert, Dormagen
Druck und Bindung: dimograf
Gedruckt in Polen
ISBN 978-3-417-28630-4
Bestell-Nr. 228.630

Inhaltsverzeichnis

1. Ein fast normaler Schultag

Simon und Max sind die allerbesten Freunde.
Sie spielen miteinander, seit sie denken können, und gehen in dieselbe Klasse. Eigentlich ist Max sogar mit ein Grund dafür, dass Simon beschließt, Erfinder zu werden.
Heute kommt Max mit einem dicken Pflaster um den Finger in die Schule. Frau Klein, die Klassenlehrerin, fragt ihn, was er denn da an der Hand habe. Daraufhin flüstert er ihr etwas ins Ohr. Und zwar so leise, dass Simon es von seinem Platz aus leider nicht hören kann.

Simon ist ganz neugierig. Aber Max kann ihm nicht sofort verraten, was passiert ist. Der Unterricht geht ja weiter und Frau Klein hat sehr gute Ohren. Also muss Simon noch bis zum Ende der Stunde warten. Dann ist nämlich Pause! Und das bedeutet, dass er und Max sich wieder in ihrem Geheimversteck treffen können. Es liegt unter einer alten Weide ganz am Ende des Schulhofs, kurz vor dem Tor zur Straße hin.

Simon kann es kaum abwarten bis zum Klingeln. Am Ende der Stunde, als Frau Klein gerade „Minusrechnen bis 100" erklärt, wird Simon so nervös, dass er ständig auf die Uhr an der Wand schaut.

Kann die Zeit nicht
schneller vergehen?!
Simon starrt die Uhr an.
Er denkt:
„Komm, mach bitte schneller!
Mach schon!“
Doch die Uhr läuft ganz
langsam weiter.
„Tick … Tack … Tick … Tack …“.

Simon ballt seine Faust unter dem Tisch zusammen. Nur noch 3 Minuten und 20 Sekunden bis zum Klingeln. 3 Minuten 17 Sekunden.
3 Minuten 15 …
„Simon, wiederholst du bitte meine Frage?“
Erschrocken fährt er hoch. Frau Klein hat wohl bemerkt, dass er ihr überhaupt nicht zuhört. Mist! Was wollte sie denn gerade wissen? Verzweifelt schaut Simon sich um. Sein flehender Blick trifft auf Ferdinand, seinen Sitznachbarn.
Dieser murmelt ihm leider viel zu laut hinüber:
„Was ist 89 minus 19?“
Noch bevor Simon die vorgesagte Antwort wiederholen kann, bedankt sich Frau Klein bei

Ferdinand mit den Worten: „Danke, Ferdinand, aber Simon sollte das eigentlich alleine können!" Dann blickt sie Simon ernst an. Dieser wird gerade vor Verlegenheit ganz rot und schaut beschämt zu Boden. Dann sieht er ganz betreten zu Frau Klein, die ihn immer noch mit unveränderter Miene anblickt.
„Ach Simon, warum hörst du denn nicht zu?", seufzt sie.

Simon weiß überhaupt nicht,
was er sagen soll.
Die anderen Kinder starren ihn an.
Nervös blickt er nach unten.
Es ist ganz still.
Niemand sagt ein Wort.

Doch da fällt Simon etwas ein: „Ach Frau Klein, es tut mir sehr leid! Ich war vorhin total abgelenkt. Ich habe mich nämlich gefragt, ob die Zeit immer gleich schnell vergeht und ob die Zeiger immer genau gleichmäßig ticken!"
Frau Klein schaut ihn völlig verwirrt an. Dann muss sie grinsen und richtet ihren Blick jetzt auf

Simons Klassenkameraden: „Na, hat jemand eine Antwort auf Simons Fragen?“
Da meldet sich Nina, die Klassenstreberin: „Ist doch klar – die Zeit vergeht immer gleich schnell! Die Zeiger der Uhr ticken doch immer im gleichen Rhythmus!“
Die Lehrerin lächelt Nina dankend an. Doch Simon ist mit dieser Antwort nicht ganz einverstanden: „Nun ja, aber manchmal kommt es einem doch schneller vor – oder auch langsamer. Ist es nicht so?“
Nina blickt genervt in Simons Richtung und meldet sich eilig, so als wollte sie ihm direkt darauf antworten.

„Ja, Simon, das stimmt wohl! Manchmal kommt es einem in der Tat schneller oder langsamer vor. Also, Kinder, ihr habt beide recht!“, beendet Frau Klein das Thema grinsend. „Aber jetzt noch einmal zu meiner ursprünglichen Frage: Was ist 89 minus …“
Ding-Dong! Frau Kleins letztes Wort verstummt unter der Pausenklingel. Die Kinder springen sofort auf und rennen nach draußen auf den Schulhof. Es ist bestimmt nicht schwer zu erraten, wer wohl als Erster draußen ist!

2. Das Versteck auf dem Schulhof

Simon und Max treffen sich wie immer in ihrem Geheimversteck. Natürlich ist Simon dort in aller Eile zuerst angekommen. Dort wartet er schon auf seinen Freund und ruft ihm von weitem zu: „Jetzt sag schon – was hast du da am Finger?“
Max ist ganz erschrocken und blickt vorsichtig nach allen Seiten: „Pssst! Sei doch nicht so laut!“
Simon zieht seinen Freund blitzschnell zu sich in das Geheimversteck, damit keiner ihn davor stehen sieht. Schließlich darf niemand ihren

geheimsten Ort entdecken! Schwer atmend hocken die beiden nun in ihrer kleinen Ecke.
„Puuh, das ist gerade noch mal gut gegangen!“, seufzt Simon erleichtert. „Du musst echt aufpassen, Mann!“
Max nickt: „Ist ja gut! Es hat mich ja niemand gesehen. Schrei du aber nicht wieder so laut herum, okay?“ Mit einem breiten Grinsen im Gesicht klopft er Simon auf die Schulter.
Simon ist schon ganz ungeduldig: „Komm, jetzt erzähl endlich! Was ist mit deinem Finger?“
„Ich … nun ja … also du weißt ja, was für ein Faulpelz ich bin. Meine ganzen Stifte für die Schule spitze ich eigentlich nie an …“
Simon nickt wissend. Er kennt seinen Freund ja schon sehr lange.
„… Frau Klein hat Mama sogar einen Brief wegen meiner Stifte geschrieben. Den hat sie gestern bekommen.

Mama war deswegen richtig sauer.
Ich durfte erst raus,
als ich alle meine Buntstifte
angespitzt hatte.

Glaub mir, das war sooo anstrengend!
14 Stifte … puuuh!“
Das kann sich Simon gut vorstellen.

„Also habe ich gespitzt und gespitzt und gespitzt … immer mit der gleichen Hand. Schau hier“, Max öffnete das Pflaster vorsichtig an der Seite und zeigte Simon den freigelegten Finger, „diese dicke Blase hab ich mir dabei geholt!“
Der Finger ist wirklich ganz schön rot und dick. Und an der Seite hat er eine riesengroße, dicke Blase. So eine hatte auch Mama neulich am Fuß, als sie den ganzen Tag mit ihren hohen Schuhen

herumgelaufen ist. Simon schaut seinen Freund voller Mitleid an. „Armer Max“, denkt er.
„Kann ich dir vielleicht irgendwie helfen?“, fragt Simon. Er betrachtet den verletzten Finger so fachmännisch wie möglich. Max soll auf keinen Fall wissen, dass es erst die zweite Blase ist, die er überhaupt jemals gesehen hat. Er selbst war bislang glücklicherweise davon verschont geblieben.
Max schüttelt bloß den Kopf und meint tapfer: „Aaach, das tut doch gar nicht mehr weh! Ich bin doch kein Baby mehr!“
Simon muss immer noch wie gebannt auf den Finger starren.
„Aber ich werde ganz sicher nie wieder irgendwelche Stifte anspitzen! Garantiert nicht!“, ergänzt Max bestimmt.

3. Aller Anfang ist schwer

Am Nachmittag muss Simon bei seinen Hausaufgaben immer wieder daran denken, wie übel der Finger von Max aussah. Und wie er so überlegt, kommt ihm plötzlich eine Idee: Ein Anspitzer, der von selbst anspitzt! Ganz automatisch!
Simon verbringt den Rest des Tages allein in seinem Zimmer. Nur zum Abendessen lässt er sich kurz im Wohnzimmer blicken. In Windeseile verschlingt er sein Brot und geht dann wieder

ruckzuck in sein Zimmer. Mama und Papa wundern sich und folgen ihm neugierig. Als sie die Tür zu Simons Zimmer öffnen, um einen Blick hineinzuwerfen, bemerkt er seine Eltern noch nicht einmal.
Simon sitzt grübelnd auf dem Boden. Ihm qualmt der Kopf. Die Rollläden sind ganz heruntergelassen. Schließlich ist es mitten im Hochsommer und die Sonne brennt bis spät am Abend. Ihr tief stehendes Licht dringt sogar noch durch die Schlitze der Rollläden hindurch. Seltsam geformte Schatten und Lichtflecken werden an die Wand geworfen.

Rings um Simon verteilt liegen Stifte, Papier, Anspitzer, ein Schraubendreher, ganz viele Nägel, ein Hammer, eine Zange, Büroklammern, Kugelschreiber-Federn und ein altes Telefonkabel.

Simon sitzt mitten in diesem Durcheinander. In seiner rechten Hand hält er eine Pinzette, in der linken seinen Lieblingsanspitzer. Höchst

angestrengt tüftelt er an dem Anspitzloch herum. Er hatte nämlich seinen Anspitzer aufgeklappt und direkt neben die beiden Anspitzlöcher ein weiteres kleines Loch gebohrt. Jetzt ist er gerade dabei, dieses Loch zu erweitern. Simon will einen Draht daran befestigen, damit dieser den Stift stabilisieren kann. Auf der anderen Seite der beiden Anspitzlöcher hatte Simon bereits den kleinen Motor einer Spieluhr festgeklebt.

Mama und Papa schauen sich etwas verdutzt an und müssen im selben Moment lachen. Ihren Sohn so beschäftigt zu sehen, ist ein echt amüsanter Anblick! Aber sie wollen ihn lieber in Ruhe lassen und gehen wieder nach unten. Simon bemerkt die Anwesenheit seiner Eltern überhaupt nicht, so vertieft ist er in seine Arbeit. Noch ein paar kleine Handgriffe, dann ist sie

fertig – Simons erste Erfindung! Ob seine Idee wohl funktionieren würde?
Man muss nur noch einen stumpfen Bleistift oder Buntstift in den Draht einhaken. Simon geht direkt ans Werk und befestigt einen Stift an der dafür vorgesehenen Stelle. Dann betätigt er den Hebel, der direkt mit dem Zahnrad des Motors verbunden ist. Jetzt müsste eigentlich alles klappen. Der Stift sitzt fest, die Maschine ist eingeschaltet.
Und nun? Es tut sich absolut nichts! Noch nicht einmal das Summen des Motors ist zu hören. Simon stutzt. Woran mag das wohl liegen?

4. Die erste Erfindung

Da sieht er den Fehler! Es ist noch gar keine Batterie in den Motor eingebaut! Eilig springt Simon auf. Er hangelt sich an seinem Hochbett entlang hinüber zum Schreibtisch. Dabei muss er sehr vorsichtig sein, damit er nicht auf sein Werkzeug tritt, das wild verstreut auf dem Boden liegt. Dort angekommen durchwühlt er die Schubladen des kleinen Holzschränkchens, das auf seinem Schreibtisch stand.
Da! Eine kleine Batterie. Ob die wohl noch voll ist? Akrobatisch hangelt sich Simon wieder zurück zu seiner Erfindung. Behutsam steckt er die Batterie in den Schacht des Motors.
Doch Halt! Die flache Seite der Batterie gehört doch an den Klemmdraht. Oder war es doch andersherum? Auf einmal ist Simon ganz durcheinander vor Aufregung.
Er atmet tief durch. „Nur immer mit der Ruhe“, denkt er und kratzt sich am Kopf.

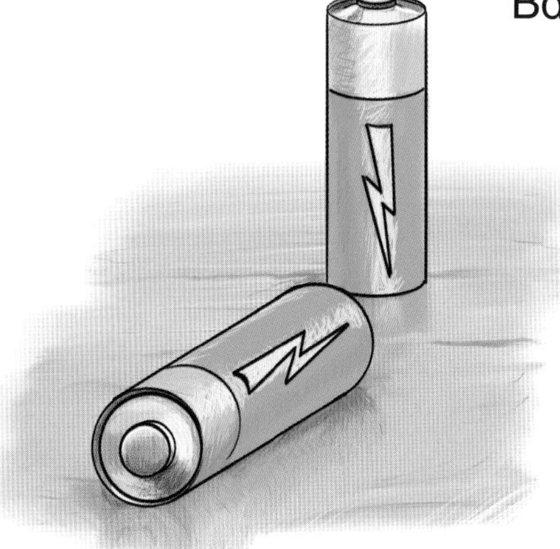

Nun stehen seine Haare noch mehr zu Berge, als sie es ohnehin schon tun.
Die flache Seite an den Draht – das war's! Simon klemmt die Batterie in den Motor. Dann schaltet er ihn ein. Tatsächlich! Es funktioniert!

Schon am nächsten Morgen bringt Simon seine allererste Erfindung mit in die Schule, um sie seinem besten Freund zu schenken. Simon hatte das Gerät in ein Tuch gewickelt und in seiner Schultasche versteckt.
Nur ist er so spät in der Schule angekommen, dass er keine Zeit mehr hatte, um noch vor dem Unterricht mit Max zu reden. Also reißt Simon eine Seite aus seinem Matheheft heraus und schreibt Max eine Nachricht. Dann wartet er, bis Frau Klein endlich wegschaut.

Zack! Max bekommt den Zettel
direkt an den Kopf geworfen.
Verwirrt dreht er sich um.
Simon zeigt mit seinem
Finger auf den Boden.
Max grinst und hebt den
Zettel lautlos auf.

Simon streckt ihm den erhobenen Daumen entgegen. Ausgerechnet in diesem Moment dreht sich Frau Klein wieder in seine Richtung. Doch Simon hatte seinen Daumen schon wieder eingezogen. So merkt Frau Klein zum Glück überhaupt nichts von dem geheimen Nachrichten-Austausch der beiden.
In der Pause überreicht Simon seinem Freund dann großzügig die Erfindung. Und Max freut sich riesig darüber. Fast so, als wäre es Weihnachten. Nicht nur, weil er jetzt keine Blasen mehr vom Anspitzen bekommen würde, sondern weil Simon sich extra für ihn so viel Mühe gemacht hat!

5. Eine Werkstatt für Simon

Von diesem Tag an verbringt Simon fast seine ganze Freizeit damit, an neuen Erfindungen zu arbeiten. Bald hat er zum Beispiel die Schuhputz-Maschine und auch den Bonbonpapier-Öffner zusammengebaut. Simon träumt sogar heimlich davon, eines Tages eine so bedeutende Erfindung zu machen, dass sie die Welt verändern würde! Doch dieser Traum liegt noch in weiter Ferne. Zuerst muss er noch fleißig üben.
Die Eltern sind richtig stolz auf Simon und seine Erfindungen. An einem schönen Samstagmorgen, als die Familie gemütlich am Esstisch sitzt und frühstückt, hat Simons Papa eine Idee:
„Tanja, mein Schatz“, sagt er zu Simons Mama, „was hältst du eigentlich davon, wenn Simon dir nächste Woche dabei hilft, den Keller aufzuräumen? Da bin ich ja auf Geschäftsreise in München …“
Überrascht blickt Simon von seinem Müsli auf und nörgelt: „Ach nein, Papa, bitte nicht schon wieder! Immer muss ich irgendwo helfen …“
Doch Papa hebt die Hand und fährt fort: „Und zur Belohnung bekommt Simon dort unten den

seitlich gelegenen Kellerraum, ganz für sich allein. Na, was sagst du dazu?“

Da springt Simon sofort auf.
Ein eigener Kellerraum?
Das wäre ausgezeichnet!
Erwartungsvoll schaut
er seine Mama an.

Die grinst nur, wiegt den Kopf hin und her und stupst Simon in die Seite: „Also von mir aus gern! Simon ist ja auch schon groß genug dafür. Außerdem braucht doch jeder gute Erfinder seine eigene Werkstatt!“ Dabei zwinkert sie ihrem Sohn freundlich zu.

Simon kann es immer noch kaum glauben, dass er bald eine richtige Erfinder-Werkstatt bekommen soll. Doch bis es soweit ist, steht ihm noch eine Menge Arbeit bevor. Eine ganze Woche lang muss er mit seiner Mama im Keller schuften. Los geht's!

Sie öffnen jeden einzelnen Schrank.
Jeden Eimer und jedes Blatt
Papier drehen sie um.
Alle Regale rücken sie von der Wand.
Den ganzen Keller stellen
sie auf den Kopf.

Die Dinge, die noch zu gebrauchen sind, räumt Simon wieder in die Schränke und Regale. Alles, was sich als Schrott herausstellt, wird auf einen Haufen draußen vor dem Haus geworfen. Mehrere Schubkarren voller Gerümpel kommen nach und nach zusammen. Diese ganze Arbeit muss Simon jeweils nach der Schule und am Wochenende erledigen. Zum Glück fällt in dieser Woche viel Unterricht aus, denn Simons Klassenlehrerin hat sich krank gemeldet.
Am Ende der Woche liegt ein riesiger Berg Schrott vor dem Haus der Familie. Allerdings ist der Keller nun blitzeblank und so ordentlich wie noch nie. Stolz betrachten Mama und Simon ihr Werk. Dann darf Simon sein neues, eigenes Reich endlich betreten.
Der für ihn bestimmte Kellerraum liegt direkt hinter der Kellertreppe. Simon ist außer sich vor

Freude. Seine eigene Werkstatt! Hier wird er nun genug Platz und Ruhe haben, um an seinen Erfindungen zu tüfteln. Hier unten wird ihn sicher niemand bei seiner Arbeit stören!

6. Der Geheimraum

Simon hat seine neue Erfinder-Werkstatt schnell eingerichtet. Alle Erfindungen aus seinem Zimmer werden hier nun geordnet aufbewahrt. Doch schon bald geht ihm das Material aus. Aber Simon weiß sich zu helfen. Nur braucht er dazu noch die Erlaubnis seiner Mama.
Gegenüber der Siedlung, in der er wohnt, liegt eine kleine Schrotthalde. Also fragt er, ob er

sich von dort wohl einige Teile für seine Arbeit mitnehmen dürfte. Mama erlaubt es ihm. Darüber ist Simon ungemein froh, denn er findet auf dem Schrotthaufen eine ganze Menge Teile, die zu gebrauchen sind. Zum Beispiel eine Luftpumpe, einen Fahrradreifen, ein altes Radio, ganz viele Drähte und Schrauben und alles, was ihm sonst noch nützlich erscheint.

Es dauert nicht lange,
da ist Simons Werkstatt
schon fast voll.
So ein Mist!
Den kaputten Reifen von Papas Auto
hätte er noch gut gebrauchen können.
Aber es ist kein Platz mehr da!

Enttäuscht lässt Simon sich gegen die Wand gegenüber der Tür fallen. Dabei gibt es ein dumpfes Geräusch. Es klingt fast so, als ob hinter der Wand noch ein Hohlraum sei. Erstaunt klopft Simon mit der Faust dagegen. Tatsächlich! Hinter dieser Wand muss irgendein Raum versteckt sein! Simon klopft die ganze Wand ab und markiert mit dem Bleistift, wo der Hohlraum zu Ende ist. Dann

besorgt er sich aus einem der Kartons eine Säge und einen Hammer. Mit dem Hammer schlägt er so vorsichtig wie möglich ein Loch in die dünne Wand. Dabei knirscht es richtig laut.
Hoffentlich hört Mama oben im Wohnzimmer nichts davon, überlegt Simon. Deshalb horcht er einmal kurz auf. Da sich jedoch oben nichts rührt,

macht er unbesorgt weiter.
Nach nur wenigen weiteren Schlägen ist die Wand durchbrochen. Hinter der vor ihm liegenden Öffnung kann Simon wegen der Dunkelheit zwar

wenig erkennen, aber soviel ist sicher: Vor ihm befindet sich tatsächlich ein leerstehender Raum! Jetzt greift Simon schnell zu seiner Handsäge und sägt damit ein so großes Loch in die Wand, dass er selbst hindurchpasst. Als die Öffnung weit genug ist, geht er hinein und begutachtet seinen neuen Geheimraum. Aus seiner Werkstatt dringt jetzt genug Licht dort ein, um etwas erkennen zu können. Es ist hier zwar ein wenig staubig, aber für seine Zwecke ist der Raum bestens geeignet.

Hier soll von nun an sein Lager sein.
Ein streng geheimes Lager!
Simon hat am Ende doch
noch genug Platz
für sein gesamtes Zubehör.
Auch den Autoreifen kann
er hier unterbringen.

Sogar die Teile der alten Waschmaschine passen in den Raum. Damit niemand den Eingang zu seinem Geheimlager entdeckt, stellt er ein paar leicht bepackte Kartons davor. Das Geheimlager ist somit gut versteckt, kann aber jederzeit ohne großen Aufwand von ihm betreten werden.
Ein wenig vergeht Simon die Freude jedoch, als er sieht, wie viel Dreck das Sägen und Hämmern hinterlassen hat. Also muss er zum Abschluss noch tüchtig fegen und den Müll unauffällig entsorgen. Puh, ist das anstrengend! Aber eine Erfinder-Werkstatt muss schließlich immer ordentlich sein!

7. Nervige Hausaufgaben

In Simons Kopf rattert es wie in einem Uhrwerk. Erschöpft stützt er sein Gesicht auf die Hände und atmet laut aus. Immer diese nervigen Hausaufgaben! Frau Klein hat es heute mal wieder echt übertrieben. So viele Hausaufgaben hat sie der Klasse schon lange nicht mehr aufgegeben. Das ist einfach viel zu viel!
Jetzt sitzt Simon nun schon über eine halbe Stunde davor! Dabei könnte er seine Zeit doch wirklich besser nutzen. Unten in der Werkstatt warten ja seine ganzen angefangenen Erfindungen auf ihn ... Aber das hätte er seiner Lehrerin wohl kaum so erklären können.

Frau Klein war heute unfassbar schlecht gelaunt. Sicher hat die Klasse mit ihrer Unruhe dazu ihren Beitrag geleistet. Zur Belohnung gab es also einen Berg von Hausaufgaben.
Nach Schulschluss hatte sich Simon beeilt, um pünktlich seinen Bus nach Hause zu erwischen. Dann musste er noch schnell zu Mittag essen. Dabei beantwortete er noch Mamas lästige Fragen, wie denn sein Tag gewesen war. Und dann rannte Simon in aller Eile die Treppe hoch.

Wie immer war seine Schultasche voll bepackt und furchtbar schwer. Deshalb schleifte er sie bloß hinter sich her, anstatt sie auf dem Rücken zu tragen. Wenn die Tasche dann über die Treppen schleifte, gab das einen ordentlichen Krach: Plock, kratz, plock, kratz, knirsch …

Darüber regte seine Mama sich jedes Mal tierisch auf. Sie rief ihm hinterher:

„Meine Güte, Simon, muss
das denn sein?
Setz doch endlich mal deinen
Ranzen vernünftig auf!“

Aber er tat dann immer so, als würde er nichts hören. Die paar Geräusche waren doch wohl nicht so schlimm. Oben angekommen verschwand Simon sofort in seinem Zimmer und schleuderte die Schultasche lieblos auf den Boden, direkt neben seinen Schreibtisch.

Simon schreckt auf. O Mann! Jetzt ist er mit seinen Gedanken schon wieder abgeschweift. Er kann sich heute überhaupt nicht richtig auf seine Mathe-Hausaufgaben konzentrieren. Dabei mag Simon Mathe eigentlich ganz gerne. Was ist heute nur mit ihm los?
Schon wieder schweifen seine Gedanken ab und er erinnert sich:

Vor einem Jahr hatte die Familie Besuch von Simons Oma aus der Schweiz bekommen. Sie war immer so neugierig, was es Neues gab, und erkundigte sich über alles und jeden. Ihren Enkel

Simon fragte sie zuletzt, was er denn später mal werden wollte.
„Erfinder!", kam es damals wie aus der Pistole geschossen. Ja, Erfinder zu werden, das war schon lange sein großer Traum.
Aber Papa sagte immer zu ihm: „Wenn du wirklich ein Erfinder werden möchtest, musst du immer gut in der Schule sein. Besonders in Mathe." Das gefiel Simon überhaupt nicht. Was hatten denn bloß Mathe oder Deutsch mit Erfindungen zu tun? Dummerweise hatte seine Mama von da an immer ganz besonders darauf geachtet, dass er seine Hausaufgaben gut und ordentlich erledigte.

Simon seufzt und schaut sich die nächste Aufgabenstellung an: „Subtrahiere schriftlich".

Na das ist ja einfach!
Zügig schreibt Simon die Ergebnisse unter die Aufgabe.
Dann liest er einen Text aus dem Deutschbuch.
Endlich fertig!
Simon klappt alle Hefte und Bücher zu und springt auf.

Dabei reißt er aus Versehen sein Federmäppchen vom Schreibtisch herunter. Der Aufschlag des Anspitzers ist deutlich zu hören. Aber das ist Simon gerade so ziemlich egal!
In Windeseile rennt er die Treppe hinunter in Richtung Keller. Unterwegs ruft er noch: „Maaama! Mama, wo bist du?“ Damit will er sich vergewissern, dass sie noch unten im Wohnzimmer ist.
Etwas genervt hört er seine Mama antworten: „Ja?! Was ist denn? Schon fertig mit den Hausaufgaben?“
Hastig späht Simon durch die Wohnzimmertür, um seiner Mama kurz zu versichern: „Ja, ich bin fertig! Es liegt alles auf dem Schreibtisch.“
Gerade will er in Richtung Keller verschwinden, da kommt ihm seine Mama wieder zuvor: „Stopp, nicht so eilig. Ich dachte, ihr hättet heute so viel aufgehabt?“
Simon hat sich ja beim Mittagessen vor seiner Mutter über die vielen Aufgaben beschwert, die Frau Klein ihnen aufgegeben hatte. Aber glücklicherweise war er schneller als erwartet mit allem fertig gewesen. Damit seine Mama keinen Verdacht schöpft, gibt er ihr noch schnell Bescheid: „Das ging heute ganz fix. Du kannst ja

oben nachsehen!“ Ungeduldig auf eine Antwort wartend steht Simon in der Tür.

Mama erhebt sich.
In aller Ruhe legt sie die
Zeitung zur Seite.
Sie sagt zu ihm:
„Dann ist ja alles gut.“

„Kann ich jetzt gehen?“, fragt Simon. Er hat keine Zeit zu verlieren.
Mama muss grinsen und meint nur: „Aber natürlich. Los mit dir und viel Spaß!“ Dabei zwinkert sie ihm fröhlich zu. Das bekommt er aber schon gar nicht mehr mit. In Windeseile ist er bereits unten im Keller angekommen.

8. Ein außergewöhnliches Geschenk

Simon bleibt einen Moment vor der Metalltür, die in sein Reich führt, stehen und genießt die Vorfreude. Hinter dieser Tür verbirgt sich sein ganzer Stolz: seine eigene Erfinderwerkstatt! Darüber freut er sich immer noch wie am ersten Tag.

Jetzt kniet er sich hin und sucht unter der Heizung neben der Tür nach dem Schlüssel. Auch das ist eine seiner Erfindungen:

Genau hinter der Heizung hatte er ein kleines Streichholzkästchen angebracht. Mit einem Klappmechanismus war es an der Wand befestigt. Daran hängt ein kleiner roter Faden, an dem er nur zu ziehen braucht. Und dann fällt der

Schlüssel sofort aus der Streichholzschachtel heraus.

Für Simon ist diese Vorrichtung sehr wichtig. Damit kann er seine Erfindungen geheim halten. Oder gibt es etwa einen Erfinder, der seine Werkstatt jemals offen lassen würde?

Man weiß ja nie, ob da draußen nicht irgendwelche Spione herumlaufen, die ihm seine Erfindungen klauen wollen!
Seine Schlüssel-Erfindung funktioniert ausgezeichnet. Als Simon den Faden in die Finger bekommt, zieht er kurz daran. Mit einem leichten Knirschen schnappt der Mechanismus zu und der Schlüssel fällt fast lautlos in seine rechte Hand. Dann steht er auf, steckt den Schlüssel ins Schloss und dreht ihn dreimal herum.
Das ist eine seiner Spezialitäten: Jedes Schloss verriegelt er immer genau dreimal – wie es sich für einen echten Erfinder gehört.

Links neben der Tür befindet sich der Lichtschalter. Doch den muss er gar nicht erst drücken, denn das Licht hat sich bereits von allein angeschaltet. Das ist die einzige Erfindung in der Werkstatt, die nicht von ihm kommt: ein automatischer Lichtschalter. Sobald man die Tür öffnet, betätigt er sich ganz von selbst. Simons Onkel Anton hatte ihn eingebaut.

Erst einige Tage, nachdem die Geheimwerkstatt fertig eingerichtet war, kam Papa von seiner Geschäftsreise zurück und hatte dabei seinen Bruder im Schlepptau. Die beiden hatten sich zufällig am Bahnhof getroffen. Also entschloss

sich Simons Papa, seinen Bruder zu sich nach Hause einzuladen. Zufälligerweise passte Anton das gerade zeitlich sehr gut. Wie Simon sich darüber freute! Onkel Anton war sein absoluter Lieblingsonkel!
Von Papas Geschwistern war er der Jüngste. Und was Simon besonders an ihm mochte: Er war ein richtiger Bastler! Simon musste Onkel Anton gar nicht lange darum bitten, ihm beim Anbringen der neuen Lampe in seiner Werkstatt zu helfen. Aber anstelle einer ganz gewöhnlichen Lampe hatte er seinem Neffen dann die Speziallampe eingebaut. Alles andere wäre für einen Tüftler wie ihn auch zu langweilig gewesen. Simon war damit mehr als zufrieden. Denn von da an konnte er in seiner Werkstatt noch viel besser arbeiten. Aber das ist nun schon viele Wochen her. In der Zwischenzeit wurde hier bereits ergiebig getüftelt und erfunden.

Zufrieden betrachtet Simon jetzt den großen Raum, schließt die Tür hinter sich dreimal zu und läuft dann an den Regalen entlang, in denen er seine Erfindungen aufbewahrt. Er verbringt sehr viel Zeit in seiner Werkstatt und arbeitet überaus fleißig. So haben sich mittlerweile zahlreiche Erfindungen angesammelt. Alle lagern sie hier und warten auf den Tag, an dem sie der Welt präsentiert werden sollen.

Das ist Simons absolute
Lieblingserfindung:

Die supergeniale
Brotschmier-Maschine.
In drei Tagen hat seine
Mama Geburtstag.
Diese Maschine wird das
ideale Geschenk für sie!

Daher muss das Gerät am Ende perfekt sein, damit Mama sich auch darüber freut.
Vorsichtig hebt er seine Erfindung aus dem Regal und stellt sie auf den Tisch in der Mitte des Raumes. Damit bloß kein Staub ansetzt, streicht Simon mit dem Finger über die Brotablage und pustet in alle kleinen Ecken hinein. Dann schließt er das Kabel an seiner Steckerleiste an, die direkt unter seinem Tisch platziert ist. Um sicherzugehen, dass sie noch funktioniert, schaltet er die Maschine an.
Mit leisem Rattern beginnt das Messer nun in Streichbewegungen durch die Luft zu fahren. Dann schaltet Simon das Gerät wieder aus und kramt in seiner Schublade herum. Dort bewahrt er eine Packung Toastbrot auf, die er gestern nach hier unten geschmuggelt hat. Drei Scheiben holt er heraus und legt den Rest wieder zurück ins Versteck. Dort bewahrt er auch ein kleines Glas Marmelade auf, das er nun ebenfalls auf der Tischplatte abstellt. Dieses setzt Simon behutsam in die Aufbewahrungshalterung der Maschine. Jetzt muss er nur noch eine Scheibe Brot auf die Brotablage legen.
Ein letztes Mal prüft er die Position seiner Zutaten und schaltet dann die Maschine wieder ein. Wieder beginnt das Gerät leise zu rattern.

Das Schmiermesser fährt leicht gekippt über das Marmeladenglas, tunkt langsam nach unten hinein, wieder heraus und dann in Richtung Brotscheibe. Dort senkt sich das Messer, bewegt sich einige Male von rechts nach links und zurück und bewegt sich dann wieder nach oben, wo es schließlich zum Stehen kommt. Danach ist noch ein leises „Piep“ zu hören.
Simon nimmt die Toastscheibe von der Ablage des Geräts und betrachtet sie fachmännisch im Licht der Schreibtischlampe. Er nickt zufrieden und legt sie neben die Maschine. Jetzt ist die nächste Scheibe an der Reihe. Nach dreimaligem Probelauf und einer gründlichen Reinigung verstaut Simon die Brotschmiermaschine für Mama wieder im Regal.

9. Streng geheime Botschaften

Jetzt lässt sich Simon seine maschinell beschmierten Brote erstmal schmecken. Nach getaner Arbeit sind die gleich doppelt so lecker! Dabei wandert er schmatzend und stolz wie Einstein an seinem Regal entlang. Was dort schon alles drin liegt:
Eine Zahnputzmaschine, ein Strohhalmputzer und eine Alarm-Anlage für seine Zimmertür. Von seinem ersten Stück, dem automatischen Anspitzer, hatte er sogar eine zweite Version gebaut. Aber die steht in seinem Zimmer, wo sie regelmäßig benutzt wird.
Simon erschrickt. Da fehlt doch was!
Hier im Keller sollte doch eigentlich sein „Kommunikationsgerät“ liegen. Vor lauter Schreck verschluckt er sich beinahe an seiner letzten Scheibe Toast. Doch plötzlich fällt es ihm wieder ein, wo seine allergeheimste Erfindung liegt:

Sie ist noch oben in seinem Zimmer.
Direkt neben dem Matheheft!
Er hat es offen liegen gelassen,

damit Mama die Hausaufgaben überprüfen kann.
Simon läuft aufgeregt hin und her.
Seine Gedanken rasen.

„Oje, wenn Mama in mein Zimmer geht und das sieht!“ Simon rennt zur Tür. Doch die ist ja abgeschlossen! Er eilt zurück zum Schreibtisch, wo er jeden Winkel nach dem Schlüssel absucht. So ein Mist! Wo kann er denn nur sein? Er schaut auch überall in den Regalen nach. Kein Schlüssel zu finden! Ebenso war in den danebenstehenden Kartons weit und breit kein Schlüssel zu sehen …
Da bleibt Simon stehen, atmet einmal tief durch und denkt nach. Wo ist denn bloß dieser Schlüssel? Er kann doch nicht weg sein!
Da erinnert er sich wieder. Wie hat er das nur vergessen können? In die Schublade neben das Toastbrot hatte er ihn gelegt. Simon zieht sie hastig auf. Tatsächlich, dort liegt er! In seiner Eile lässt er die Schublade offen stehen, schließt zügig die Tür auf und hinter sich wieder zu, allerdings jetzt nur einmal.
Dann rennt der junge Erfinder, so schnell er kann, die Treppe hinauf in sein Zimmer. Er befürchtet schon das Schlimmste! Die Tür zu seinem

Zimmer steht offen und innen drin hört er das Rascheln von Papier. Vorsichtig schaut er um die Ecke. Mama sitzt gerade am Schreibtisch und kontrolliert seine Mathe-Hausaufgaben.

Rechts neben ihr liegt das Federmäppchen, das sie wohl wieder vom Boden aufgesammelt hatte. Und links neben Mama erkennt Simon seine streng geheime Erfindung! Bestimmt hat Mama sie noch nicht gesehen. Darum huscht Simon flink wie ein Wiesel in sein Zimmer, reißt die Erfindung ruckzuck vom Schreibtisch und

verschwindet wieder, sogar noch schneller, als er hergekommen war.
Unterwegs in Richtung Keller, mit seiner Erfindung unterm Arm, hört Simon seine Mama noch rufen:

„Simon?
Was sollte das denn?
Du kannst mich doch nicht
so erschrecken!"
Simon bleibt kurz stehen und murmelt:
„Tut mir leid, Mama!"
Und ruckzuck verschwindet
er wieder im Keller.

Jetzt schließt er die Tür seiner Werkstatt wieder dreimal hinter sich zu. Völlig außer Atem geht Simon zu seinem Arbeitstisch und lässt sich davor auf den Stuhl fallen. Puh! Das ist ja gerade noch mal gut gegangen. Etwas ängstlich untersucht er seine wertvolle Erfindung. Hoffentlich ist bei seinem waghalsigen Lauf nichts kaputt gegangen! Das „Kommunikationsgerät" ist gerade mal so groß wie ein Blatt Papier und sieht auch fast genau so aus. Allerdings verfügt es über erstaunliche Fähigkeiten.

Simon musste zwei Exemplare davon anfertigen. Eines für seinen besten Freund Max und eines für sich selbst. Es funktioniert dann so:
Das „Blatt“ wird auf den Tisch gelegt. Sobald er und Max sich unterhalten wollen, drückt man oben rechts auf die Ecke. Dann fährt unten ein kleiner dünner Draht heraus und die beiden können sich ganz einfach miteinander verständigen. Simon schreibt mit seinem Spezialstift auf das Blatt und mit einem Radiergummi macht Max Simons Nachricht auf seinem Blatt sichtbar.
Natürlich hat Simon auch für Max einen solchen Stift hergestellt. So können die beiden Freunde sich gegenseitig Nachrichten schreiben, auch wenn sie nicht nebeneinandersitzen.
Besonders hilfreich ist diese Geheimerfindung im langweiligen Deutschunterricht. Denn da kann

man sich nebenbei über viel spannendere Dinge austauschen, ohne dass die Lehrerin es merkt.

Einmal jedoch hat Frau Klein Verdacht geschöpft und Simon wütend ermahnt. Er gab sich darauf ganz unschuldig und meinte zu ihr:

„Schauen Sie ruhig nach.
Auf meinem Blatt steht nichts!"
Davon wollte sich Frau Klein persönlich überzeugen.
Das Blatt sah wirklich ganz leer aus.
Verwundert sagte sie dann zu ihm:
„Da hast du aber nochmal Glück gehabt!"

In den darauffolgenden Stunden merkte Simon, wie angestrengt sie ihn immer beobachtete. Sicher wollte sie irgendwie hinter das Geheimnis der beiden kommen. Es sah ja so aus, als würden sie schreiben. Aber sie hinterließen nichts Geschriebenes.
Im Musikunterricht wären sie allerdings beinahe ertappt worden. Die Lehrerin, Frau Fuchs, hatte es einmal genau bemerkt, als Simon etwas auf

sein Blatt schrieb. Max, der drei Reihen weiter weg saß, radierte im selben Moment etwas und lachte dann laut los. Doch als Frau Fuchs auf seinem Blatt nachschaute, entdeckte sie nichts, was so lustig gewesen sein konnte. Max hatte ja bereits unten links die Ecke umgeknickt und somit war das Geschriebene schon verschwunden.

Mit sich und der Welt zufrieden nimmt Simon seine geheime Erfindung und legt sie an den richtigen Platz im Regal. Ein Glück, dass Mama das „Kommunikationsgerät“ nicht entdeckt hat. Hätte sie das Blatt gefunden, wäre sie vielleicht misstrauisch geworden. Normalerweise liegt nie ein leeres Blatt auf Simons Schreibtisch. Im schlimmsten Fall aber hätte sie es womöglich genommen und etwas darauf geschrieben. Und dann wäre seine geniale Erfindung kaputtgegangen!

10. Wie baut man eine Erfindermaschine?

Simon setzt sich wieder an seinen Arbeitstisch und stützt den Kopf auf die Hände. Eigentlich gibt es einen ganz bestimmten Grund, weshalb er seine Hausaufgaben so schnell erledigt hat: Simon will unbedingt etwas Neues erfinden! Schließlich ist in seinen Regalen noch ausreichend Platz für fertige Erfindungen. Gedankenverloren schaut Simon über die Regale hinweg an die Wand.

Er überlegt:
„Was könnte ich denn noch erfinden?"
Allmählich gehen ihm die Ideen aus.
Ein Erfinder ohne Ideen ist
doch kein Erfinder mehr!
Bei dem Gedanken
bekommt Simon Angst.

Da fällt ihm ein: Er könnte eine Erfindermaschine bauen. Eine Maschine, die auf Knopfdruck Ideen für Erfinder produziert. Wenn ihm das gelingt,

dann wäre Simon wirklich der größte und beste Erfinder der Welt. Dann würden ihm nie wieder die Ideen ausgehen!
Jetzt heißt es aber erstmal tief durchatmen. Das hilft immer beim Nachdenken. Eine richtige Erfindermaschine – das wird seine mit Abstand schwierigste Erfindung! Da muss er alles sorgfältig überlegen.

Aus einer Schublade holt sich Simon einen Bleistift und ein Stück Papier. Er denkt angestrengt nach. Was braucht man wohl alles, um eine Erfindermaschine zu bauen?
Ein bestimmter Erfinder als Vorbild wäre mit Sicherheit gut. Dazu ein Speicher, um die ganzen Ideen zu sammeln. Außerdem müssen die Ideen mit irgendetwas weitergegeben werden. Und dann fehlt auch noch eine Antriebsquelle.
Alle seine Überlegungen kritzelt er auf das Blatt Papier. Hinter „Antriebsquelle" malt er zwei Pfeile. Einer läuft zu „Steckdose" und einer zu „handbetrieben".
Simon steht auf und geht zur Regalwand. Genau drei Bücher sind dort verstaut. Eins ist sein Schatztruhenbuch. Es hat zwar keinen Text, aber er kann darin ganze Gegenstände verschwinden lassen. Dann besitzt er ein dickes Nachschlagewerk zum Thema „Mechanik und Elektrotechnik". Das dritte ist jedoch sein Lieblingsbuch: Die Werke des Leonardo Da Vinci. Für Simon ist Da Vinci das allergrößte Vorbild!
Neben diesem Regal befindet sich der Stapel mit den Kartons, hinter denen sich die Öffnung zum Geheimversteck verbirgt. Hier hat Simon ja sein Lager eingerichtet, wo er alles verstaut, was er vielleicht mal gebrauchen könnte:

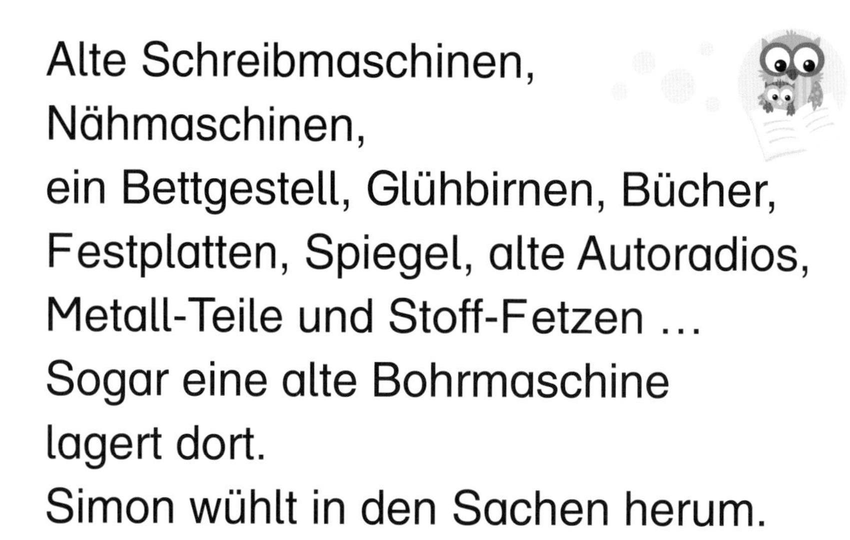

Alte Schreibmaschinen,
Nähmaschinen,
ein Bettgestell, Glühbirnen, Bücher,
Festplatten, Spiegel, alte Autoradios,
Metall-Teile und Stoff-Fetzen …
Sogar eine alte Bohrmaschine
lagert dort.
Simon wühlt in den Sachen herum.

Normalerweise würde ihm jetzt eine Idee kommen. Dann könnte er sich sofort an die Arbeit machen. Doch das will heute nicht so recht funktionieren. Auch zur Erfindermaschine will ihm nichts einfallen.
Enttäuscht verlässt er wieder sein Lager, stellt die Kisten vor den Zugang und lässt sich missmutig auf den Boden davor fallen. Autsch! Was war das denn? Sofort springt Simon in die Höhe. Sein Hintern schmerzt gewaltig! Er hat sich wohl auf eine herumliegende Schraube gesetzt. So etwas Dummes!
Vorsichtig tastet er seine Jeanshose ab.
Immerhin hat sie kein Loch, sonst hätte es Ärger mit Mama gegeben. Trotzdem tut es furchtbar weh! Erst nachdem Simon den Boden nach

weiteren Schrauben abgesucht hat, setzt er sich wieder hin. Er weiß nichts mit sich anzufangen. Sonst war ihm doch immer ganz schnell was eingefallen! Aber heute klappt gar nichts! Ruhelos erhebt sich der ideenlose Erfinder wieder und läuft in seiner Werkstatt hin und her. Nach einiger Zeit überlegt Simon, dass es wohl besser sei, nach draußen in den Garten zu gehen. Etwas frische Luft würde ihm sicher guttun. Sorgfältig überprüft er noch einmal, ob alle Erfindungen an ihrem Platz stehen. Er schließt die Tür hinter sich

dreimal ab und versteckt den Schlüssel wieder in der Schachtel unter der Heizung.
Oben angekommen zieht Simon seine Schuhe an und geht nach draußen. Im Garten läuft er dann eine Weile auf und ab. Doch auch hier wollen ihm keine Ideen kommen! Mit einem lauten Seufzen lässt er sich auf die Wiese fallen und starrt in den Himmel. Dort sind kleine Schäfchenwolken zu sehen. Das ist eigentlich ganz schön interessant. Daher schaut er den Schäfchen gespannt dabei

zu, wie sie langsam über den Himmel ziehen und ständig ihre Form verändern.

Gerade noch sieht die eine
Wolke wie ein Schaf aus.
Jetzt hat sie die Form
von einem Baum.
Was für ein schöner Anblick!
Woran liegt es bloß,
dass sich die Wolken
ständig verändern?

Klar, der Wind setzt die Bewegungen in Gang, das weiß Simon natürlich. Aber wie kommt es, dass sie ausgerechnet die Formen von Gegenständen annehmen, die er kennt? Es sieht fast so aus, als würde da jemand ständig neue Figuren erfinden. Das ist einfach nur genial!

11. Der größte Erfinder der Welt!

Simon ist begeistert und traurig zugleich. Warum nur hat er nicht solche genialen Ideen?
Eine ganze Weile liegt er nun schon dort, als plötzlich das kleine Nachbarmädchen neben ihm auftaucht. Sie ist etwa vier Jahre alt, wohnt mit ihren Eltern direkt nebenan und heißt Malina. Vermutlich hat die Kleine Simon vom Garten ihrer Eltern aus entdeckt und will ihm Gesellschaft leisten. Er mag Malina ganz gern, denn sie ist nicht so nervig wie die meisten anderen Vierjährigen.
Sie legt sich neben ihn ins Gras und zeigt in den Himmel: „Da sind ganz viele Babyschafe."
Simon grinst und meint: „Ja, genau. Die sind schön, nicht wahr?", und schließt dabei genüsslich die Augen.
Die Kleine nickt und ist einen Moment still. Dann setzt sie sich hin und schaut Simon erwartungsvoll an: „Weißt du, dass Gott die gemacht hat?"
Simon blinzelt. Dann setzt auch er sich auf: „Was hast du da gerade gesagt?"

Jetzt erhebt sich das Mädchen und läuft ein paar Schritte über die Wiese: „Gott hat die Wolken gemacht!“
Simon blickt sie verwundert an: „Und woher weißt du das?“
Malina geht hinüber zum Gartentor, weil ihre Mutter gerade nach ihr gerufen hat. Zum Abschied sagt sie noch: „Gott hat alles gemacht!“ Dann verschwindet sie wieder in ihrem Garten.

Hat wirklich Gott das alles gemacht? Simons Eltern und sein Religionslehrer hatten das auch schon mal erzählt. Also wenn das wirklich stimmt, dann ist Gott der absolut genialste Erfinder!

Auch Simon geht wieder ins Haus. Dabei denkt er sich: „Wenn ich also weiß, wer der genialste Erfinder aller Zeiten ist, dann müsste ich ihn nur noch fragen, wie er das macht!“ Dann huscht er die Treppe hinauf in sein Zimmer und lässt sich in sein Bett fallen.
Einen Moment lang grübelt er noch vor sich hin, bis ihm wieder etwas einfällt. Vor ein paar Tagen

hat die Klasse im Religionsunterricht über das Beten gesprochen, also wie man mit Gott reden kann. Simon zieht die Schultasche zu sich ans Bett und kramt sein Religionsheft heraus. Mit Sicherheit hatten sie etwas aufgeschrieben. Ach ja, da steht es auch schon:

„Sorgt euch um nichts,
sondern betet um alles.
Sagt Gott, was ihr braucht,
und dankt ihm.“ (Philipper 4, Vers 6)

Zuerst weiß Simon gar nicht, was er sagen soll. Zögernd fängt er an: „Gott, ähm, ich bräuchte mal deine Hilfe. Wie schaffst du das eigentlich, am laufenden Band so viele geniale Sachen zu erfinden? Kannst du mir vielleicht dabei helfen, eine Erfindermaschine zu entwerfen? Mir wollen im Moment gar keine Ideen mehr kommen. Für einen Erfinder ist das besonders schlimm. Bitte, Gott, kannst du mir dabei nicht helfen?“
Simon steht auf. Irgendwie war es ein seltsames, aber auch ein schönes Gefühl zu beten. Er verstaut sein Religionsheft wieder in der Tasche und läuft die Treppe hinunter in seine Werkstatt. Nach dem dreimaligen Aufschließen

und wieder Zuschließen setzt er sich auf den Schreibtischstuhl und wartet darauf, dass die Ideen endlich kommen.
Es passiert immer noch nichts. Nanu, wie kann das denn sein? Er hat doch gerade gebetet, damit Gott ihm mit der Erfindermaschine hilft. Gott kann doch alles – warum zeigt er das denn nicht?
Wieder zerbricht sich Simon den Kopf. Und während er so nachdenkt, da geht es auf einmal los. Ihm kommt eine Idee nach der anderen!
Was er nicht alles noch erfinden könnte: Zum Beispiel einen Briefkasten mit automatischem Förderband ins Haus, oder einen elektronischen Pfannkuchenwender, eine Tafelputzmaschine

oder ein Gerät, das den Hund spazieren führt. Unglaublich, wie viele Ideen er plötzlich hat! Trotzdem ist Simon etwas enttäuscht, denn keine dieser Ideen hilft ihm mit der Erfindermaschine weiter. Er lässt den Kopf wieder hängen und starrt Löcher in die Luft. Wie ist es bloß möglich, solch eine Maschine zu bauen? Es muss doch eine Lösung geben. Oder etwa nicht? Simon grübelt. Genau das ist doch die Lösung!
Noch ein paar Mal läuft Simon in seiner Werkstatt hin und her, bevor er sich wieder hinsetzt. Es besteht kein Zweifel:

Man kann gar keine Erfindermaschine bauen! Nur ein Mensch kann Ideen entwickeln. Keine Maschine kann wie ein Mensch denken. Das ist das große Geheimnis der Natur.

Nur ein Einziger kann „Erfindermaschinen“ bauen – und zwar in Form von Menschen –, und das war Gott! Simon grinste verlegen. Da hätte er

sich ja noch lange den Kopf zerbrechen können. Es wundert ihn jetzt nicht mehr, dass ihm keine Ideen gekommen waren. Die Lösung liegt ja ganz woanders!
Beflügelt von den neuen Einfällen steht Simon auf, betritt sein Lager und besorgt sich dort alle Materialien, um einen elektrischen Pfannkuchenwender zu bauen: Einen Draht, eine Glühbirne, zwei Gabeln, und alles, was man sonst noch brauchen könnte.

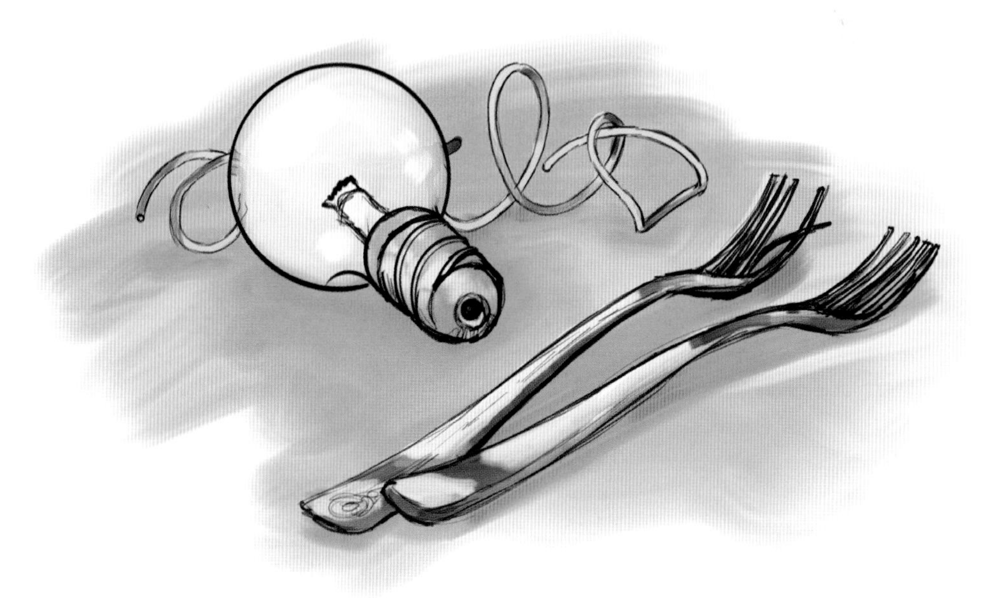

12. Geburtstagsfeier für Mama

Heute ist Simon schon ganz früh auf den Beinen. Er hat es in der ganzen Aufregung gestern nicht mehr geschafft, das Geburtstagsgeschenk für seine Mama einzupacken. Also springt er flink wie ein Wiesel um Punkt sieben Uhr aus dem Bett. Zum Glück ist Samstag, sodass er ausnahmsweise mal nicht an die Schule denken muss. Außerdem wird heute ja auch Geburtstag gefeiert! Da darf man beim Lernen auch mal eine Pause einlegen.
30 Jahre wird seine Mama jetzt. Simon kann sich gar nicht richtig vorstellen, wie es wohl sein könnte, so alt zu werden. „Da hat man bestimmt schon eine ganze Menge erlebt", denkt er und huscht auf leisen Sohlen geschwind in den Keller. Der gewohnte Ablauf: Erst am Faden ziehen, und der Schlüssel fällt mit einem „Pling" in seine Hand. Jetzt ganz leise die Tür damit aufschließen, den Schlüssel dreimal herumdrehen. Die Tür quietscht etwas, als Simon sie vorsichtig aufdrückt. Das Licht geht dank des Spezial-Mechanismus schon von alleine an. Simon hüpft zum Regal und nimmt die Erfindung für Mama heraus. Langsam und leise stellt er sie auf

dem Tisch ab. Dann verschwindet er für einen Augenblick noch in seinem Geheimlager.
Wie praktisch dieser Raum doch ist. Nicht nur technisches Zubehör kann man hier verstauen.
Einen kurzen Moment später kommt Simon mit einer dicken Rolle rotem Geschenkpapier und einer großen gelben Schleife wieder heraus.
Damit geht er hinüber zum Schreibtisch, setzt sich hin und schaltet die Schreibtischlampe an.

Aus der Schublade holt
er die Tüte Toastbrot
und das Glas Marmelade hervor.
Damit überprüft er seine
Erfindung ein letztes Mal.
Und siehe da: Sie läuft
wie am Schnürchen.
Einwandfrei!

Jetzt macht er das Gerät noch ganz schnell sauber. Man verschenkt ja keine schmutzigen Sachen. Dann kramt Simon aus der Schublade noch eine Schere und Tesafilm hervor. So ordentlich wie möglich wickelt er die Maschine in

Geschenkpapier und befestigt alles. Jetzt fehlt nur noch die große gelbe Schleife. Fertig!

Simon schaut auf seine Armbanduhr. Oh! Es ist beinahe acht. Jetzt nichts wie hoch in sein Zimmer! Mama und Papa werden bestimmt gleich aufstehen. Außerdem muss er sich auch noch anziehen, waschen und kämmen. Mama freut sich bestimmt, wenn er sich zur Feier des Tages ein bisschen schick macht! Mit dem Geschenk unter dem Arm schaltet Simon schnell die kleine Schreibtischlampe aus und verlässt seine Werkstatt genauso leise, wie er sie betreten hat.

Unbemerkt schleicht Simon zurück in sein Zimmer. Dort stellt er das Geschenk auf den Schreibtisch und zieht sich schnell um: eine blaue Jeanshose und ein rotes T-Shirt mit einem Löwen drauf. Schnell sind auch die Haare gekämmt. Simon atmet tief durch. So kann er sich doch wohl sehen lassen. Zufrieden geht er hinunter ins Wohnzimmer.
Gerade als er den Raum betritt, schlägt es genau acht Uhr. Das Geschenk legt Simon schon mal auf den Tisch. Als er in Richtung des Schlafzimmers seiner Eltern verschwinden will, hört Simon plötzlich ein leises Klirren aus der Küche. Nanu? Sicher ist Papa auch schon wach. Erstaunt kommt Papa mit einem randvoll gefüllten Brotkorb und einigen Marmeladengläsern in der Hand aus der Küche hervor. „Guten Morgen, Simon! Schon so früh auf den Beinen? Und dann auch noch so schick“, lobt er seinen Sohn.
Simon nickt und strahlt: „Mamas Geschenk liegt auch schon auf dem Wohnzimmertisch!“
Papa lächelt, stellt den Brotkorb und die Marmeladengläser auf den Tisch in der Küche und zaubert dann hinter der Eckbank auch noch sein Geschenk hervor. Was das wohl sein würde? Es ist blau eingepackt und eine kleine Karte liegt oben drauf.

„Es fehlen noch Tassen,
Teller und Besteck.
Kümmerst du dich schnell
darum, mein Großer?
Ich wecke dann schon mal Mama!“,
sagt Papa und verschwindet.

Simon flitzt sofort hinüber zum Küchenschrank.
Innerhalb von wenigen Sekunden ist der Tisch
wunderschön gedeckt.

Mama bedankt sich bei Papa und Simon mit einer
dicken Umarmung und ganz vielen Küsschen für
diesen wunderschönen Frühstückstisch. Dann
holt sie lächelnd noch einige Kerzen hervor, an
die Simon und Papa überhaupt nicht gedacht
hatten. Der Geburtstag kann jetzt losgehen!
Beim Frühstücken lässt sich die Familie heute
besonders viel Zeit. Es geht richtig gemütlich zu.
Mama pustet noch die Kerzen aus und dann ist es
endlich soweit: Die Geschenke sind an der Reihe!
Zuerst packt sie Papas Geschenk aus. Eine
erstklassige neue Kaffeekanne. Superschön
und auch superpraktisch, denn Mamas
alte Kaffeekanne ist erst vor einigen Tagen

kaputtgegangen. Und hübsch sah die auch nicht wirklich aus! In die Geburtstagskarte hat Papa einen Brief für Mama geheftet. Darin stehen nicht nur liebe Worte, sondern auch eine Einladung zum Essen. Mama lächelt Papa an und sagt: „Wie romantisch!“ Aber Simon versteht irgendwie nicht so ganz, was sie damit meint.

Nun ist endlich Simons Geschenk dran. Nachdem Mama es ausgepackt hat, stutzt sie erstmal, als sie plötzlich eine Maschine in der Hand hält. Dann holt Simon noch eine frische Packung Toastbrot hinter seinem Rücken hervor. Jetzt versteht Mama, was sie da gerade in den Händen hält: Eine Brotschmiermaschine!

Begeistert lässt sich Mama genau erklären, wie man so eine Maschine bedient.

Und wer hätte das gedacht?
Jeden Tag soll die Maschine zum Einsatz kommen.
Mama hat daran so viel Spaß, dass sie ihr Brot gar nicht mehr selbst schmieren will!

An diesem Nachmittag gibt es aber vorerst kein Brot mehr. Oma und Opa kommen nämlich zu Besuch und bringen leckeren Marmorkuchen mit. Zu fünft verbringen sie dann einen wunderschönen Tag im Garten.
Mama und Oma unterhalten sich über die neusten Rezepte zum Kochen und Backen. Opa, Papa und Simon hingegen spielen auf der Wiese Federball. Am Abend ist es dann schon sehr dunkel, als Oma und Opa nach Hause gehen. Opa hatte wieder angefangen, von früher zu erzählen. Das ist immer so spannend, dass man die Zeit dabei völlig vergisst!

Als Simon sich spät am Abend ins Bett legt, ist er rundum mit sich und der Welt zufrieden. In den letzten zwei Tagen hat er eine ganze Menge geschafft: die Hausaufgaben gemacht, für die Schule gelernt, seine Erfindungen überprüft und Zeit im Garten verbracht. Mit seiner Familie hat er einen wunderschönen Geburtstag gefeiert. Auch mit seinen Großeltern konnte er mal wieder plaudern. Obendrein hat er auch noch erkannt, was die allergenialsten Erfindungen überhaupt waren:

Der Mensch und die Natur!
Und Gott ist der allergrößte Erfinder.
Er allein kann denkende und
fühlende Wesen erschaffen!
Außerdem erhört Gott Gebete,
wenn auch anders als erwartet.

Gott hat ihm zwar nicht die gewünschten vielen Ideen geschenkt. Aber dafür hat er ihm gezeigt, dass er ganz von selbst auf Ideen für neue Erfindungen kommen kann. Er muss dazu nur auf die Fähigkeiten vertrauen, die Gott ihm geschenkt hat!
Seine allerneuste Erfindung – der superpraktische Pfannkuchenwender – war auch schon fast fertig. Morgen muss er nur noch den Motor einbauen. Was ihm als Nächstes einfallen wird?